全国高等职业院校会计专业教材

出纳业务操作习题册

朱玉良　主编

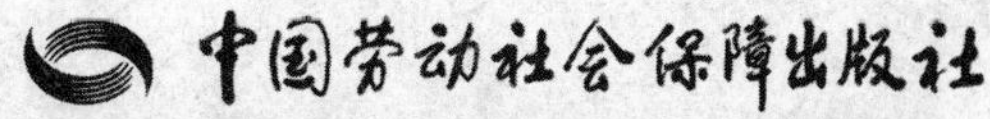

简　介

本书为全国高等职业院校会计专业教材《出纳业务操作》的配套习题册。本书题型设计多样，包括填空题、单选题、多选题、判断题、实训题等，力求充分体现教材的重点和难点，反映实际工作中将接触的具体问题，使学生能够掌握有关知识和原理，并具有解决实际问题的能力。

本书由朱玉良任主编。

图书在版编目(CIP)数据

出纳业务操作习题册/朱玉良主编. -- 北京：中国劳动社会保障出版社，2023
全国高等职业院校会计专业教材
ISBN 978-7-5167-5972-1

Ⅰ.①出…　Ⅱ.①朱…　Ⅲ.①出纳-高等职业教育-习题集　Ⅳ.①F231.7-44

中国国家版本馆 CIP 数据核字(2023)第 111249 号

中国劳动社会保障出版社出版发行

（北京市惠新东街 1 号　邮政编码：100029）

*

北京市科星印刷有限责任公司印刷装订　　新华书店经销

787 毫米×1092 毫米　16 开本　2.75 印张　62 千字

2023 年 7 月第 1 版　　2023 年 7 月第 1 次印刷

定价：7.00 元

营销中心电话：400-606-6496

出版社网址：http://www.class.com.cn

http://jg.class.com.cn

目录

项目一　认识出纳岗位

一、填空题

1. 出纳是按照有关规定和制度办理本单位的____________、____________及有关账务，保管____________、____________、____________及有关票据等工作的总称。

2. 为更好地履行出纳内部控制制度，出纳不得监管____________、____________以及__________、__________、__________、__________、__________等账目的登记工作。

3. 人民币的鉴别可以简单概括为______________________。__________是指转动钞票并同时观察票面中间面额数字，应变色；__________是指用手指触摸票面正面人物头像、国徽、“中国人民银行”行名、装饰团花，右上角面额数字、盲文面额标记及背面主景图案（1 元背面除外）等处，应有明显的凹凸感；__________是指透光观察水印应清晰，对印图案应精准重合。

二、单选题

1. （　　）版人民币不属于中华人民共和国现行第五套人民币。

A. 1987 年　　B. 2005 年　　C. 2015 年　　D. 2019 年

2. 企业的空白支票一般由（　　）保管。

A. 会计主管　　B. 开户银行　　C. 出纳　　D. 记账会计

3. 下列选项中，（　　）属于出纳岗位的工作内容。

A. 编制收付款凭证　　B. 办理现金收付和银行结算业务

C. 保管会计档案　　D. 编制银行存款余额调节表

三、多选题

1. 出纳需具备的业务技能包括（　　）。

A. 规范书写　　B. 点钞

C. 使用收银机　　D. 办理银行转账业务

2. 出纳的素质要求包括（　　）。

A. 良好的职业道德

B. 较强的政策水平

C. 熟练的专业技能

D. 良好的人际交往能力和较强的办事能力

3. 出纳的工作职责包括（　　）。

A. 货币资金的收支、核算、监管　　B. 办理现金支付和银行结算业务

C. 管理库存现金和银行账户　　D. 保证现金和有价证券的安全完整

E. 保管有关印章、空白票据

4. 第五套人民币各面额正面均采用开国领袖毛泽东同志新中国成立初期的头像，底衬采用了我国著名花卉图案，背面主景图案分别选用了（　　）等，以充分表现我们伟大祖国悠久的历史和壮丽的山河，弘扬伟大的民族文化。

A. 布达拉宫　　B. 桂林山水

C. 杭州西湖　　D. 长江三峡

E. 泰山

四、判断题

1. 因特殊情况造成出纳当天工作未能完成的，则必须做完所有相关工作后才能下班。（　　）

2. 任何单位和个人都应当爱护人民币。禁止损害人民币和妨碍人民币流通。人民币一旦破损将不能兑换和使用。（　　）

3. 企业库存现金的限额是由企业根据其业务量的多少自行决定的。（　　）

4. ¥107 000.53 可以写为人民币拾万柒仟元零伍角叁分。（　　）

五、实训题

1. 练习会计规范大小写金额。

（1）¥28 703.50

（2）¥16.00

（3）¥90 012.56

（4）¥6 003 000.00

（5）人民币贰万伍仟叁佰零肆元零贰分

（6）人民币叁仟贰佰万零捌仟玖佰柒拾捌元整

（7）人民币壹拾捌万零贰拾伍元整

（8）人民币贰拾陆元伍角肆分

2. 练习阿拉伯数字的规范书写。

项目二　现金业务处理

一、填空题

1. 用支票取现时，应先查询______________，确定银行存款余额大于要取现的金额，避免签发__________。

2. 出纳根据审核无误的记账凭证登记______________和______________。

3. 办理现金送存业务，出纳应先在银行柜台填制______________。

4. 差旅费报销单据相对较多，报销人应先将准备报销的有效票据整理规范，粘贴在______________上，然后填写______________，将粘贴好的单据附在______________后面，再向上级提出报销申请。

5. 办理现金送存业务时，送款人将____________的纸币整理、叠放在一起，逐一清点并加总。每______张为一把，用扎钞纸或橡皮筋扎好，每______把扎成一捆。

二、单选题

1. 现金结算起点为（　　）元，结算起点的调整由中国人民银行确定，报国务院备案。

A. 500　　B. 1 000　　C. 2 000　　D. 3 000

2. 出纳收妥现金后，应开具收款收据，并加盖（　　）章。

A. 现金收讫　　B. 现金付讫　　C. 转账收讫　　D. 转账付讫

3. 下列选项中，不可用库存现金结算的是（　　）。

A. 购买原材料花费 1 800 元　　B. 购买办公用品花费 200 元

C. 张经理出差借支差旅费 4 500 元　　D. 向个人收购农产品花费 5 000 元

4. 销售人员预借差旅费，以库存现金支付，应借记（　　）账户核算。

A. 其他应付款　　B. 其他应收款　　C. 管理费用　　D. 库存现金

5. 下列选项中，不属于现金收款业务原始凭证的是（　　）。

A. 收据　　B. 普通发票　　C. 增值税专用发票　　D. 借款单

6. 下列选项中，不属于现金付款业务原始凭证的是（　　）。

A. 差旅费报销单　　B. 医药费收据　　C. 现金支票存根　　D. 现金缴款单

7. 收据采用无碳复写纸，一般有一式两联、三联或四联等形式。收据填好后，出纳要将盖好章的（　　）给交款人做收款证明。

A. 存根联　　B. 收据联　　C. 回单联　　D. 记账联

8. 会议费的报销包括如下6个流程：①出纳复核、②报销人提出申请、③会计审核、④领导审批、⑤付款、⑥登记日记账。其正确顺序应该是（　　）。

A. ②④①③⑤⑥　　B. ④②③①⑤⑥　　C. ②④③①⑤⑥　　D. ②④③⑤①⑥

9. 边远地区和交通不便地区的开户单位的库存现金限额，可以多于5天，但不得超过（　　）天的日常零星开支。

A. 15　　B. 10　　C. 20　　D. 25

三、多选题

1. 开户单位支付给个人的款项中，超过使用现金限额的部分应当以（　　）支付。

A. 银行汇票　　B. 支票

C. 商业承兑汇票　　D. 银行本票

2. 下列关于库存现金收支规定的说法，正确的是（　　）。

A. 企业支付现金，可以从本单位库存现金限额中支付，也可以从本单位的现金收入中直接支付

B. 企业的现金收入应当于当日送存开户银行

C. 特殊情况需要坐支现金的，企业应当事先报经开户银行审查批准，由开户银行核定坐支范围和限额

D. 企业的现金收入当日送存确有困难的，可由开户银行确定送存时间

3. 关于印章，下列说法不正确的是（　　）。

A. 如果需更换印章，只要本单位同意即可

B. 印章和支票可以由同一个人保管

C. 印章和支票至少由两人保管

D. 印章不得带出工作单位使用

4. 关于支票，下列说法正确的是（　　）。

A. 支票包括正联和存根联

B. 出纳应拿着支票存根联去银行取现

C. 填写支票必须使用碳素墨水或墨汁

D. 支票上的各要素由出纳填写并加盖预留银行印章

5. 下列属于现金送存业务流程的是（　　）。

A. 填写借款单　　B. 出纳付款

C. 整理清点现金　　D. 填制现金缴款单

四、判断题

1. 企业的财务章和收据都应该由出纳进行保管。（　　）

2. 我国的库存现金指的是人民币。（　　）

3. 企事业单位在需要库存现金开支时，可以从本单位的库存现金限额中支付，也可以从本单位的现金收入中直接支付。（　　）

4. 开户单位现金收入应当于当日送存开户银行。当日送存确有困难的，由开户银行确定送存时间。（ ）

5. 出纳收取款项时，应核实钱款，当面点清，做到唱收唱付。（ ）

五、实训题

企业基本情况

企业名称：北京科迪商贸有限公司

开户银行：中国工商银行北京市纳文路支行

账　　号：4141075131327036651

开户银行地址：北京市纳文路 190 号

公司法人：赵一迪　　　　会计主管：杨　秀

会　　计：孙　媚　　　　出　　纳：钱小多

采购主管：李　纳　　　　采购人员：赵　刚

预留印鉴：

赵一
迪印

1. 2023 年 5 月 1 日，开出收款人为北京科迪商贸有限公司的现金支票 4 000 元，支取现金以备零用。请完成出纳钱小多的后续工作：填制现金支票（见图 2-1、图 2-2）和支票领用登记簿（见图 2-3）。

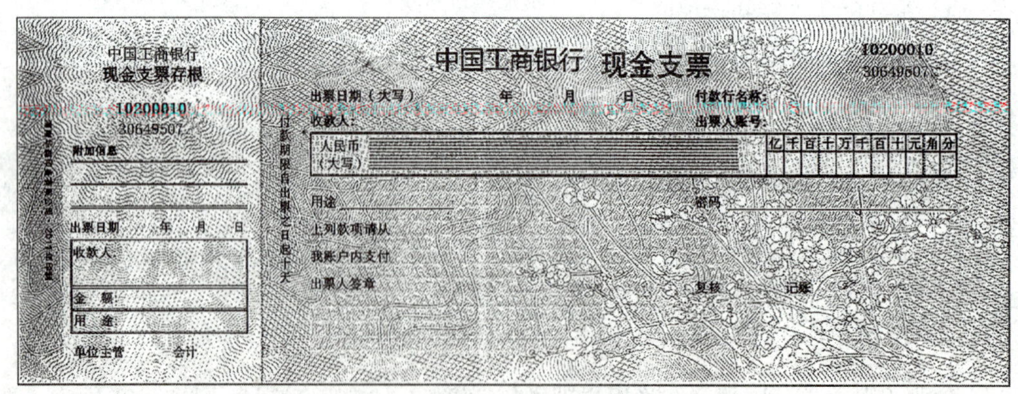

中国工商银行
现金支票存根
10200010
30649507
附加信息
出票日期　年　月　日
收款人：
金　额：
用　途：
单位主管　会计

付款期限自出票之日起十天

中国工商银行　现金支票　10200010　30649507
出票日期（大写）　年　月　日　付款行名称：
收款人：　出票人账号：
人民币（大写）

亿	千	百	十	万	千	百	十	元	角	分

用途　密码
上列款项请从
我账户内支付
出票人签章　复核　记账

图 2-1　现金支票（正面）

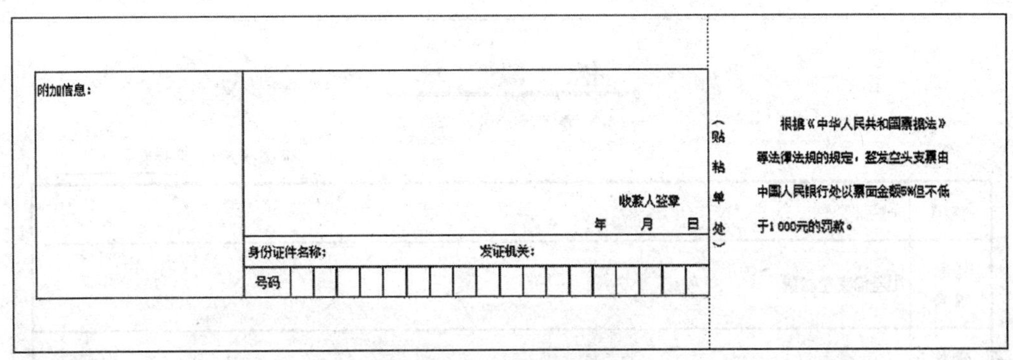

附加信息：

收款人签章

年 月 日

身份证件名称： 发证机关：

号码

（贴粘单处）

根据《中华人民共和国票据法》等法律法规的规定，签发空头支票由中国人民银行处以票面金额5%但不低于1 000元的罚款。

图 2-2 现金支票（背面）

支票领用登记簿

支票类别： 年 月 银行账号：

日期		支票号码	支票用途	金额										领用人	报销日期		备注
月	日			千	百	十	万	千	百	十	元	角	分		月	日	

图 2-3 支票领用登记簿

2. 2023 年 5 月 3 日，采购部赵刚因采购材料需出差，向财务部借支现金 1 000 元，赵刚填写借款单并经领导审批后，将借款单提交至出纳处。请完成出纳钱小多的后续工作：对借款单（见图 2-4）进行审核并登记员工借款明细账（见图 2-5），最后将 1 000 元现金付给赵刚。

借　款　单

2023 年 05 月 03 日

资金性质：库存现金

部门	采购部	
借款理由	出差借支差旅费	
借款金额	人民币(大写) 壹仟元整	¥ 1,000.00
领导批示 同意 赵一迪		财务主管 杨 秀

部门主管：李纳　　出纳：　　领款人：赵刚

图 2-4　借款单

员工借款明细账

所属期间：　　年　　月　　　　单位：元

编号	姓名	部门	摘要	借款金额	借款日期	还款金额	还款日期	余额

图 2-5　员工借款明细账

3. 2023 年 5 月 10 日，采购部赵刚出差归来，将已审批的差旅费报销单（见图 2-6）及所附原始凭证带至财务部报销差旅费，并将余款交回。请完成出纳钱小多的后续工作：对差旅费报销单等进行复核，收回余款并开具收款收据（见图 2-7）。

差旅费报销单

部门 采购部　　2023 年 05 月 10 日

出差人		赵刚							出差事由			采购材料			
出发				到达				交通工具	交通费		出差补贴		其他费用		
月	日	时	地点	月	日	时	地点		单据张数	金额	天数	金额	项目	单据张数	金额
05	09	6	北京	05	09	9	石家庄	火车	1	45.00	2	360.00	住宿费	1	280.00
05	10	20	石家庄	05	10	23	北京	火车	1	45.00			市内车费	4	168.00
													邮电费		
													办公用品费		
													不买卧铺补贴		
													其他	1	26.00
合计									2	¥90.00		¥360.00		6	¥474.00
报销总额	人民币（大写）	玖佰贰拾肆元整							预借金额	¥1,000.00			补领金额		
													退还金额	¥76.00	

附件 8 张

主管 李纳　　审核 孙媚　　出纳　　领款人 赵刚

图 2-6　差旅费报销单

收款收据　　No.5968165

年　月　日

今收到 ____________________

交来 ____________________

金额（大写）____拾____万____仟____佰____拾____元____角____分

¥ ____________　　收款单位（公章）

第三联　记账

核准　　会计　　记账　　出纳　　经办人

图 2-7　收款收据

4. 2023 年 5 月 18 日，出纳钱小多将当日零售收到的现金送存银行，其中壹佰元面额的 33 张，伍拾元面额的 3 张，贰拾元面额的 6 张，壹元面额的 9 张。请简要说明办理现金送存的业务流程，然后帮助出纳钱小多完成现金缴款单（见图 2-8）的填制。

中国工商银行 现金缴款单

入账日期：

地区号： 时间：

收款人户名：

收款人账号：

收款人开户行：

币种： 人民币(本位币) 金额（小写）：

金额（大写）：

摘要： 渠道：

交易机构号： 记账柜员： 交易代码：

缴款人： 券别： 张数： 券别： 张数：

客户填写	收款人户名																				
	收款人账号				收款人开户行																
	缴款人				款项来源																
	币种（√）	人民币□	大写：					亿	千	百	十	万	千	百	十	元	角	分			
		外币：																			
	券别	100元	50元	20元	10元	5元	2元	1元			辅币（金额）										

01003016G 210×148mm

图 2-8 现金缴款单

项目三　银行结算业务处理

一、填空题

1. 单位银行结算账户根据不同的用途分为____________________、一般存款账户、______________、临时存款账户。______________是单位因办理日常转账结算和现金收付需要开立的银行结算账户。

2. 银行结算账户单位法定代表人或主要负责人、地址及其他账户资料发生变更时，应于______个工作日内书面通知相应的开户银行，并提供有关的证明。

3. 只有申请人和收款人均为________且需要支取现金时，才能签发现金银行本票；申请人或收款人为________的，不得签发现金银行本票。

4. 持票人委托银行收款或以票据质押的，除按规定记载背书外，还应在背书人栏记载______________或____________字样。

5. 收款人将银行汇票背书转让，以不超过____________金额的____________金额为准，填明____________字样的银行汇票不得背书转让。

6. 出票人于汇票到期日未能足额交存票款时，承兑银行除凭票向持票人无条件付款外，对出票人尚未支付的票面金额按照每天____________计收利息。

7. 根据结算款项划回方式不同，委托收款分为__________和__________两种方式。收款单位出纳可根据到账时间、手续费等因素选用。

8. 承付货款分为____________和____________两种，由收付双方商量选用，并在合同中明确规定。

9. 开通企业支付宝账户分为__________、__________、__________三步，只有全部完成，账户才能正常使用。

10. 付款人收到开户银行转来的托收凭证后，应于接到付款通知的________通知银行付款，若付款人未在接到通知的次日起___________通知银行付款，视同付款人同意付款。

二、单选题

1. （　　）是单位因办理日常转账结算和现金收付需要开立的银行结算账户。

   A. 基本存款账户　　B. 一般存款账户　　C. 专用存款账户　　D. 临时存款账户

2. 下列说法错误的是（　　）。

   A. 支票上印有“现金”字样的为现金支票，只能用于支取现金

   B. 支票上印有“转账”字样的为转账支票，只能用于转账

C. 支票上未印有“现金”或“转账”字样的为普通支票

D. 普通支票左上角画两条平行线的为划线支票，划线支票可以用于转账，也可以支取现金

3. 支票的提示付款期为自出票日起（　　）日。超过提示付款期提示付款的，持票人开户银行不予受理，付款人不予付款。

A. 5　　B. 7　　C. 10　　D. 15

4. 下列选项中，不属于银行承兑汇票必须记载的事项的是（　　）。

A. 确定金额　　B. 付款人名称　　C. 收款人地址　　D. 出票日期

5. 多余金额由出票银行主动退交申请单位账户的结算方式是（　　）。

A. 支票　　B. 银行汇票　　C. 银行本票　　D. 银行承兑汇票

6. 下列选项中，不属于签发托收承付凭证必须记载的事项的是（　　）。

A. 表明“托收承付”的字样　　B. 付款人开户银行名称

C. 托收附寄单证张数或册数　　D. 付款人签章

7. 托收承付结算每笔的金额起点为（　　）元，新华书店系统每笔的金额起点为（　　）元。

A. 10 000　1 000　　B. 1 000　10 000

C. 1 000　100　　D. 1 000　1 000

8. 验货付款的承付期为（　　）天，从运输部门向付款人发出提货通知的次日算起。

A. 15　　B. 10　　C. 20　　D. 30

9. 接收汇款的银行收妥款项后，将收账通知交给收款企业。若付款单位采用信汇方式，银行在信汇凭证第（　　）联加盖转讫章作收账通知。

A. 三　　B. 一　　C. 二　　D. 四

10.（　　）是收款人委托银行向付款人收取款项的结算方式。

A. 委托收款　　B. 托收承付　　C. 网银结算　　D. 支付宝结算

11. 若付款人审查有关债务证明后，对收款人委托收款的款项需要拒绝付款的，企业出纳应在接到通知的次日起（　　）日内出具拒绝证明，持有债务证明的，应将其送交开户银行，由开户银行寄给被委托银行转交收款人。

A. 7　　B. 3　　C. 5　　D. 10

12. 银行汇票的提示付款期限是（　　）。

A. 自出票日起 1 个月　　B. 自出票日起 2 个月

C. 自出票日起 3 个月　　D. 自出票日起 4 个月

13. 根据票据法律制度规定，下列有关商业汇票的付款期限的表述中，正确的是（　　）。

A. 自提示见票日起 10 日内

B. 自到期日起 10 日内

C. 自出票日起最长不得超过 1 个月

D. 最长不超过 6 个月

14. （　　）是收款较快、费用较高的一种汇款方式，汇款人必须负担电报费用，所以通常金额较大或有急用时使用此种方式汇款。

A. 信汇　　B. 银行汇票　　C. 银行本票　　D. 电汇

15. 单位从其银行结算账户支付给个人银行结算账户的款项，每笔超过（　　）万元的，应向其开户银行提供相应的付款依据，以作备查。

A. 3　　B. 5　　C. 6　　D. 10

三、多选题

1. 银行结算账户年检所需资料包括（　　）。

A. 年检过的营业执照正本和副本复印件

B. 法人代表身份证正反面复印件

C. 银行开户证明

D. 被授权人身份证原件及复印件和授权书

2. 下列选项中，属于托收凭证中应当填写事项的有（　　）。

A. 收款人名称、账号和开户银行名称

B. 托收附寄单证张数或册数

C. 合同名称和号码

D. 收款单位的财务专用章和法人章

3. 签发托收承付凭证必须记载的事项包括（　　）。

A. 付款人签章　　B. 收款人签章

C. 收款人名称及账号　　D. 付款人名称及账号

4. 下列关于支票的说法正确的有（　　）。

A. 支票属于见票即付票据

B. 支票可以不记名

C. 签发支票时，应使用墨汁或碳墨水笔认真填写，未按规定填写而被涂改冒领的，由签发人负责

D. 支票上的各项内容要填写齐全

5. 根据承兑人不同，商业汇票分为（　　）。

A. 银行汇票　　B. 银行承兑汇票　　C. 商业承兑汇票　　D. 银行本票

6. 关于商业汇票挂失的有关规定，下列说法正确的有（　　）。

A. 已承兑的商业汇票丧失，失票人可通知付款人或代理付款人挂失支付

B. 失票人可以在挂失支付后 7 日，也可以在票据丧失后，向人民法院申请公示催告或提起诉讼

C. 付款人在收到挂失止付通知之前已经向持票人付款的，不再承担责任

D. 如果付款人和代理付款人自收到挂失止付通知之日起 12 日内没有收到人民法院的止付通知，自第 13 日起，持票人提示付款且付款人依法向持票人付款的，不再承担责任

7. 下列关于汇兑的说法中，符合法律规定的有（　　）。

A. 单位和个人各种款项的结算均可使用汇兑方式

B. 汇款人对汇出银行已经汇出的款项可以申请退汇

C. 汇款人对汇出银行尚未汇出的款项可以申请撤销

D. 汇入银行对于收款人拒绝接受的汇款，应立即办理退汇

8. 购货企业在承付期内发现下列情况时，可向银行提出全部或部分拒绝付款的有（　　）。

A. 未按合同规定的到货地点发货的款项

B. 没有签订购销合同或未注明异地托收承付结算方式购销合同的款项

C. 验单付款，发现所列货物的品种、规格、数量、价格与合同规定不符的款项

D. 验货付款，经查验货物与合同规定或与发货清单不符的款项

9. 下列关于汇兑退汇行为的表述正确的有（　　）。

A. 对已在汇入银行开立存款账户的收款人，汇款人可以自行与其联系退汇

B. 收款人拒绝接受的汇款，汇入银行会立即办理退汇

C. 汇款人对汇出银行尚未汇出的款项可以申请撤销

D. 汇入银行向收款人发出取款通知后，经过两个月仍无法交付，汇入银行会主动退汇

10. 异地结算可以采用的结算方式有（　　）。

A. 支票　　B. 银行汇票　　C. 银行本票　　D. 银行承兑汇票

四、判断题

1. 一个单位可以有多个基本存款账户。（　　）

2. 存款人可以不开立基本存款账户，直接开立一般存款账户。（　　）

3. 一般存款账户可以办理现金缴存，但不得办理现金支取。（　　）

4. 通常情况下，银行本票只适用于同城，不适用于异地。（　　）

5. 临时存款账户是单位因临时需要并在规定期限内使用而开立的银行结算账户，有效期最长是三年。（　　）

6. 银行汇票只能用于转账。（　　）

7. 支票户向银行支取现金时，应签发现金支票，并在支票上加盖预留银行印鉴，由收款人背书后送交银行会计部门。（　　）

8. 一般来讲，银行承兑汇票的信用等级和支付效率都高于商业承兑汇票。（　　）

9. 托收承付这一结算方式既能用于异地货款结算，也能在同城范围内使用。（　　）

10. 收款人开户银行接到托收凭证及其附件后，应当按照托收的范围、条件和托收凭证记载的要求认真进行审查，必要时，还应查验收付款人签订的购销合同。凡不符合要求或违反购销合同发货的，不能办理。（　　）

11. 单位和个人各种款项的结算均可以使用汇兑方式。（　　）

12. 网上银行不受时间、空间限制，能够在任何时间、任何地点为企业和个人客户提

供方便安全的金融服务。（ ）

13. 商业承兑汇票一式三联，必须要由收款人签发，不可由付款人签发。（ ）

14. 委托收款结算方式既可以用于同城，也可以用于异地，分为邮寄和电报两种，收款人可以自行选择。（ ）

15. 对汇出银行尚未汇出的款项，付款人可以申请撤销。（ ）

16. 各单位可使用由工商部门颁发的企业数字证书实现在线账户年检，然后提交纸质材料。（ ）

17. 票据背书转让时，由背书人在票据背面签章、记载被背书人名称和背书日期。背书未记载日期的，视为在票据到期日前背书。（ ）

18. 商业汇票持票人应在提示付款期限内通过开户银行委托收款或直接向付款人提示付款。持票人超过提示付款期限提示付款的，持票人开户银行可以受理，后果由持票人承担。（ ）

19. 银行承兑汇票若到期时无款支付，银行不垫付款项，付款人将到期没付款的部分转应付账款处理。（ ）

20. 持卡人可通过委托银行扣款的方式缴费，一次签约即可免去今后多次往返收费单位与银行柜台的麻烦。（ ）

五、实训题

企业基本情况

企业名称：北京科迪商贸有限公司

开户银行：中国工商银行北京市纳文路支行

账　　号：4141075131327036651

公司法人：赵一迪

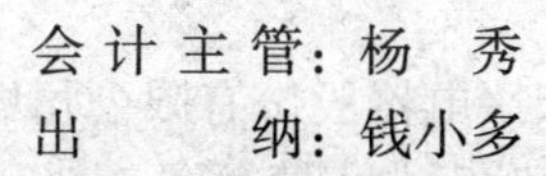

会计主管：杨　秀

会　　计：孙　媚

出　　纳：钱小多

行政部主任：张　兰

行政部职员：王　飞

预留印鉴：

赵一迪印

企业名称：深圳宏兴电器股份有限公司

开户银行：中国银行深圳松安支行

账　　号：4568063201110022456

公司法人：李宏兴

预留印鉴：

李兴宏印

1. 2023 年 5 月 8 日，北京科迪商贸有限公司需要用转账支票支付货款 56 500. 00 元给深圳宏兴电器股份有限公司。

（1）假如你是北京科迪商贸有限公司财务人员，请根据实际发生业务填写图 3-1。

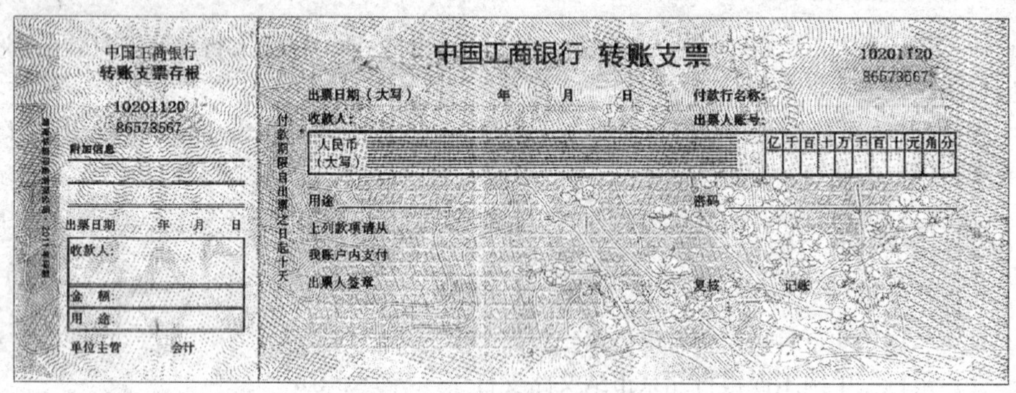

中国工商银行
转账支票存根
10201120
86573567
附加信息
出票日期　年　月　日
收款人：
金　额：
用　途：
单位主管　会计

中国工商银行 转账支票　10201120 86573567
出票日期（大写）　年　月　日　付款行名称：
收款人：　出票人账号：
付款期限自出票之日起十天
人民币（大写）　亿 千 百 十 万 千 百 十 元 角 分
用途　密码
上列款项请从
我账户内支付
出票人签章　复核　记账

图 3-1　转账支票正面

（2）假如你是深圳宏兴电器股份有限公司财务人员，5 月 12 日收到上述支票后去银行办理进账，请根据实际发生业务填写图 3-2 和图 3-3。

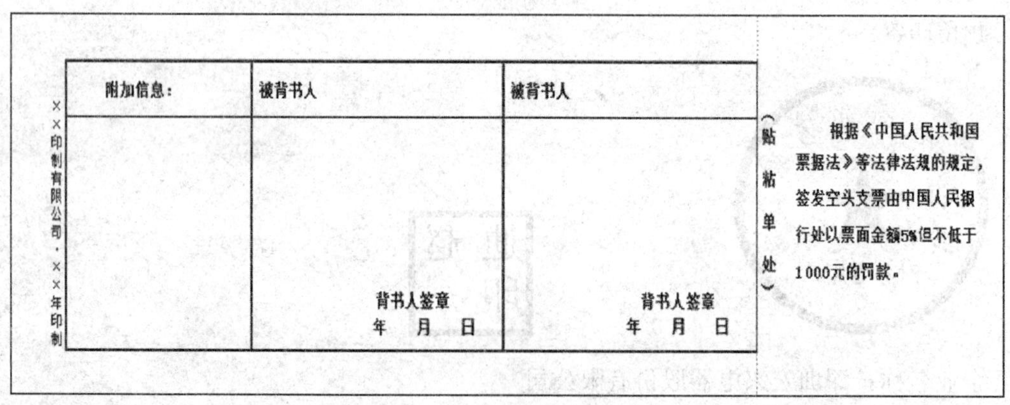

附加信息：	被背书人	被背书人
	背书人签章 年　月　日	背书人签章 年　月　日

××印制有限公司．××年印制

（贴粘单处）

根据《中国人民共和国票据法》等法律法规的规定，签发空头支票由中国人民银行处以票面金额5%但不低于1000元的罚款。

图 3-2　转账支票背面

中国工商银行 进账单（回　单） 1

年　月　日　　　　　　　　№ 25460664

出票人	全　称		收款人	全　称	
	账　号			账　号	
	开户银行			开户银行	
金额	人民币（大写）			亿千百十万千百十元角分	
票据种类		票据张数			
票据号码					
复核　记账				开户银行签章	

此联是开户银行交给持（出）票人的回单

图 3-3　进账单

2. 2023 年 5 月 15 日，北京科迪商贸有限公司收到永乐家电商城用于支付货款的银行承兑汇票一张，如图 3-4 所示。

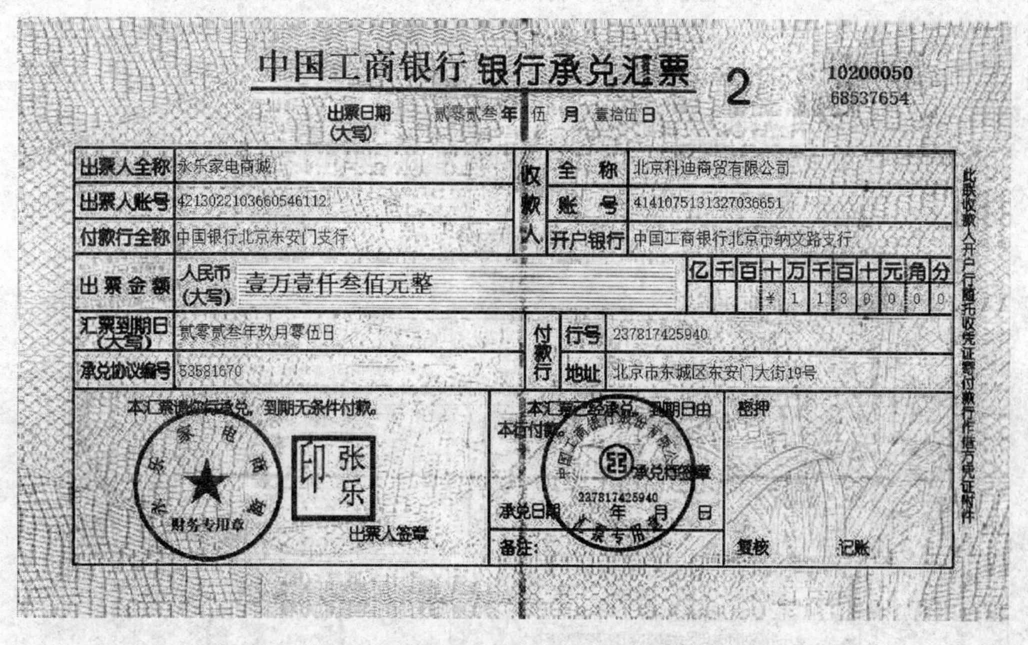

中国工商银行 银行承兑汇票 2

10200050
68537654

出票日期（大写）贰零贰叁年 伍 月 壹拾伍日

出票人全称	永乐家电商城	收款人	全　称	北京科迪商贸有限公司
出票人账号	42130221036605461l2		账　号	41410751313270366 51
付款行全称	中国银行北京东安门支行		开户银行	中国工商银行北京市纳文路支行
出票金额	人民币（大写）壹万壹仟叁佰元整		亿千百十万千百十元角分	¥ 1 1 3 0 0 0 0
汇票到期日（大写）	贰零贰叁年玖月零伍日	付款行	行号	237817425940
承兑协议编号	53581670		地址	北京市东城区东安门大街19号

本汇票请你行承兑，到期无条件付款。

出票人签章

本汇票已经承兑，到期日由本行付款。

承兑行签章

承兑日期　年　月　日

备注：

密押

复核　记账

此联收款人开户行随托收凭证寄付款行作借方凭证附件

图 3-4　银行承兑汇票

请审核该汇票，审核无误后，北京科迪商贸有限公司于当日将其背书转让给深圳宏兴电器股份有限公司，请在此汇票背面（见图 3-5）完成背书。

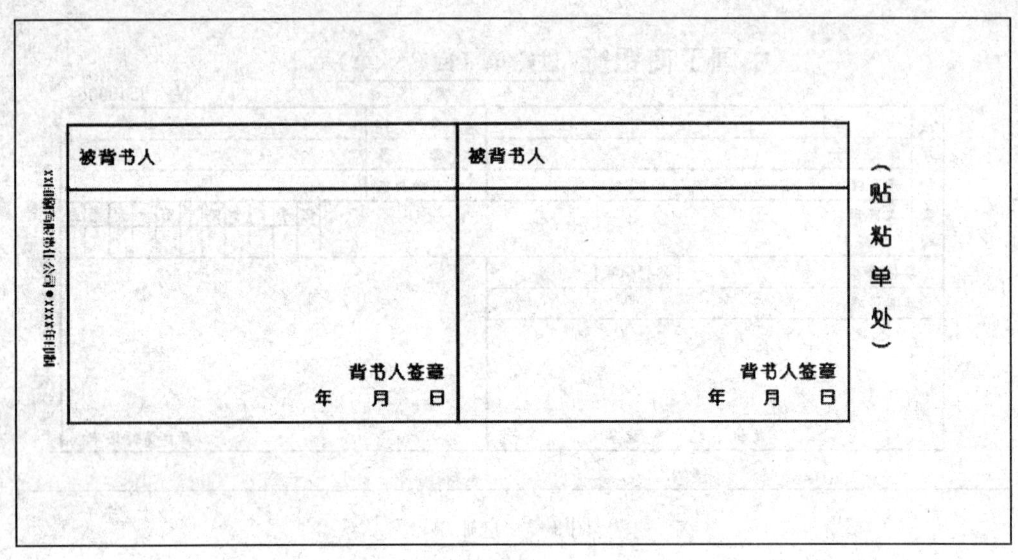

被背书人	被背书人	（贴粘单处）
背书人签章 年　月　日	背书人签章 年　月　日	

图 3-5　银行承兑汇票背面

3. 2023 年 5 月 21 日，北京科迪商贸有限公司从深圳宏兴电器股份有限公司购入 200 台电视机，5 月 23 日验收入库，相关增值税专用发票和入库单如图 3-6 和图 3-7 所示，5 月 25 日北京科迪商贸有限公司通过普通电汇方式支付本次购货全部货款，同时支付汇兑手续费 0.5 元、电子汇划费 160 元。

请填制电汇凭证（见图 3-8）、银行业务收费凭证（见图 3-9）。

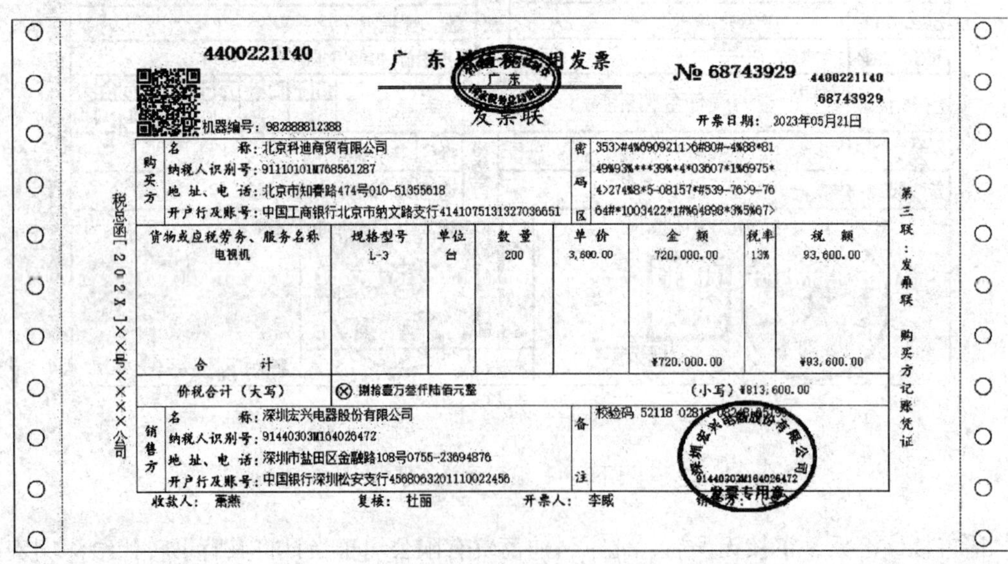

4400221140　　广东增值税专用发票　　№ 68743929　4400221140　68743929

发票联

机器编号：982888812388　　开票日期：2023年05月21日

税总函〔202X〕××号××××公司

购买方	名　　称：北京科迪商贸有限公司 纳税人识别号：91110101M768561287 地 址、电 话：北京市知春路474号010-51355618 开户行及账号：中国工商银行北京市纳文路支行4141075131327036651	密码区	353>#4%6909211>6#80#-4%88*81 49%93%***39%*4*03607*1%6975* 4>274%8*5-08157*#539-76>9-76 64#*1003422*1#%64898*3%5%67>

货物或应税劳务、服务名称	规格型号	单位	数量	单价	金额	税率	税额
电视机	L-3	台	200	3,600.00	720,000.00	13%	93,600.00
合　　计					¥720,000.00		¥93,600.00
价税合计（大写）	⊗捌拾壹万叁仟陆佰元整				（小写）¥813,600.00		

销售方	名　　称：深圳宏兴电器股份有限公司 纳税人识别号：91440303M164026472 地 址、电 话：深圳市盐田区金融路108号0755-23694876 开户行及账号：中国银行深圳松安支行4568063201110022456	备注	校验码 52118 0281[illegible]

收款人：萧燕　　复核：杜丽　　开票人：李威　　销售方：（章）

第三联：发票联　购买方记账凭证

深圳宏兴电器股份有限公司　91440303M164026472　发票专用章

图 3-6　增值税专用发票

入　　库　　单

No. 58529337

供货单位：深圳宏兴电器股份有限公司　　　　2023 年 05 月 23 日

编号	品名	规格	单位	数量	单价	金额	备注
	电视机	L-3	台	200	3,600.00	720,000.00	
合				计		¥720,000.00	

仓库主管：马 文　　记账：孙 媚　　保管：李 红　　经手人：赵 刚　　制单：张 丽

图 3-7　入库单

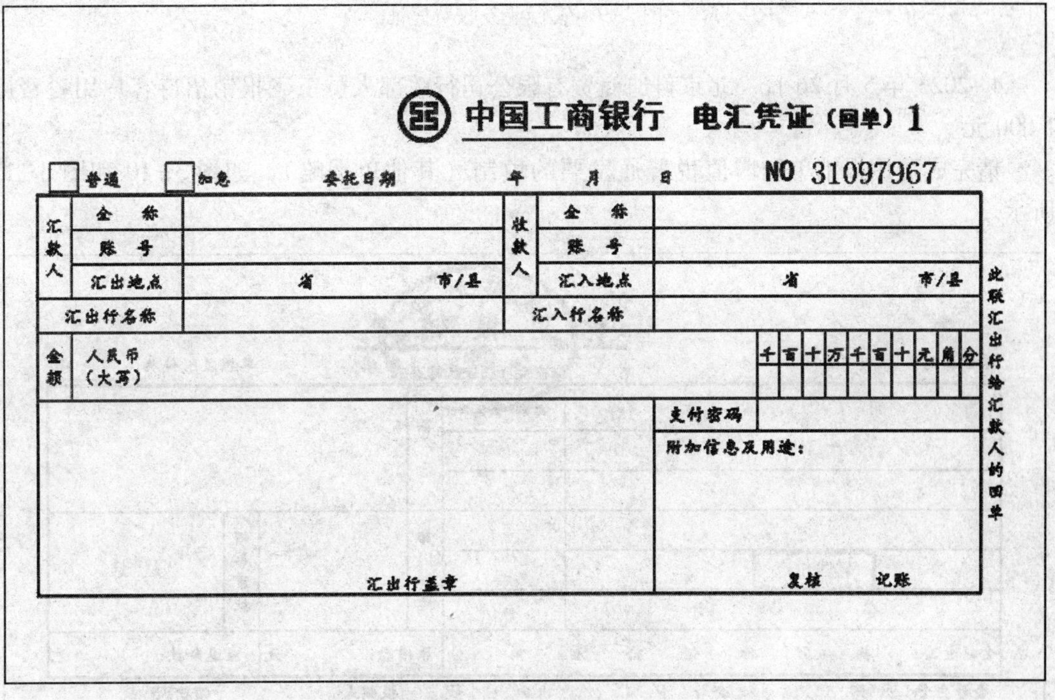

中国工商银行　电汇凭证（回单）1

□普通　□加急　　委托日期　　年　　月　　日　　NO 31097967

汇款人	全称		收款人	全称	
	账号			账号	
	汇出地点	省　　市/县		汇入地点	省　　市/县
汇出行名称			汇入行名称		
金额	人民币（大写）		千 百 十 万 千 百 十 元 角 分		
			支付密码		
汇出行盖章			附加信息及用途： 复核　　记账		

此联汇出行给汇款人的回单

图 3-8　电汇凭证

中国建设银行业务收费凭证

币别： 年 月 日 流水号：510143874239629197

付款人			账号		
项目名称	工本费	手续费	电子汇划费	其他	金额
金额（大写）					
付款方式					

会计主管 授权 复核 记账

图 3-9 银行业务收费凭证

4. 2023 年 5 月 26 日，北京科迪商贸有限公司行政部人员王飞报销招待客户用餐费用 1 000 元。

请完成费用报销单和增值税普通发票的填制（其他单据略），如图 3-10 和图 3-11 所示。

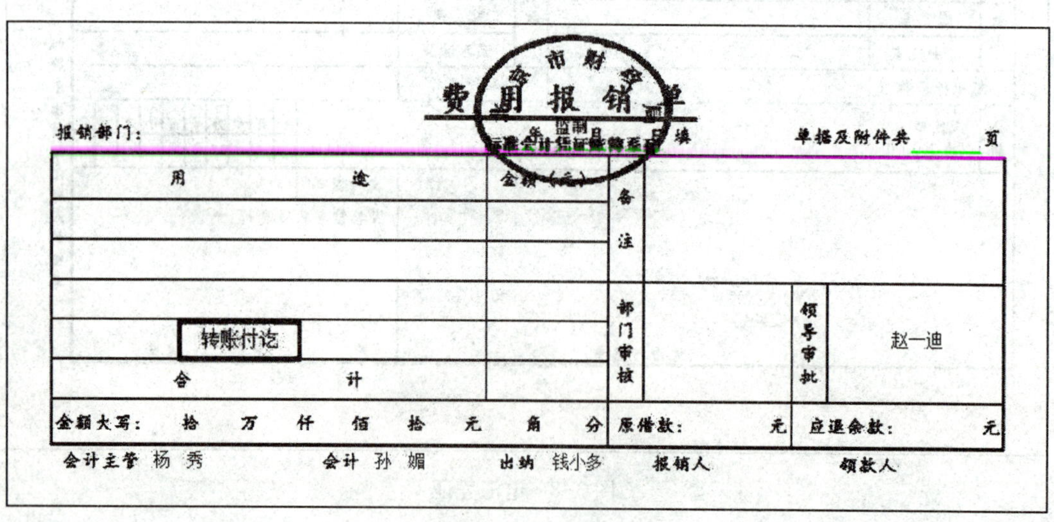

费用报销单

报销部门： 年 月 日填 单据及附件共 页

用途	金额（元）	备注			
		部门审核		领导审批	赵一迪
转账付讫					
合计					
金额大写： 拾 万 仟 佰 拾 元 角 分		原借款： 元		应退余款： 元	

会计主管 杨秀 会计 孙媚 出纳 钱小多 报销人 领款人

图 3-10 费用报销单

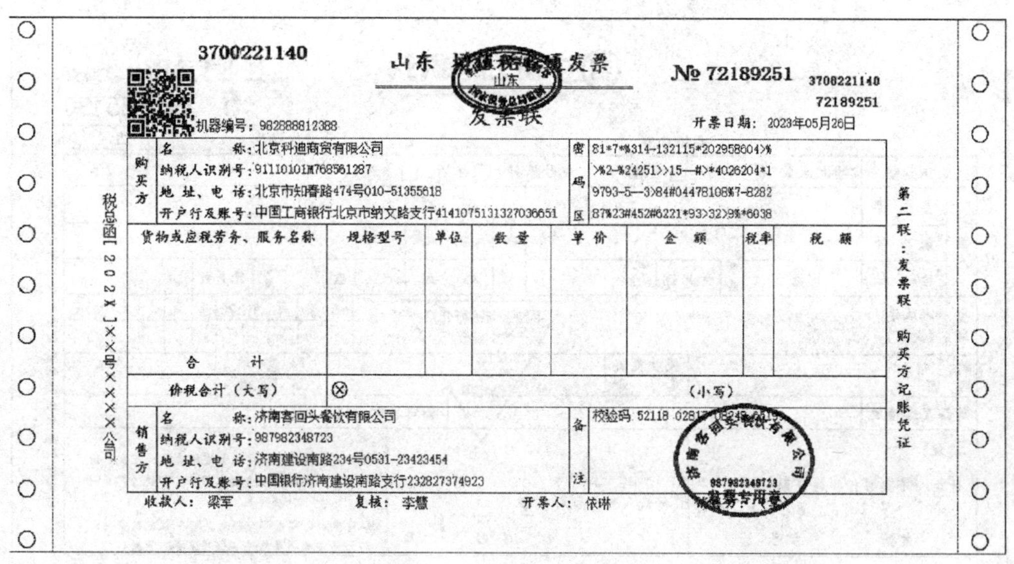

3700221140　　山东 通发票　　№ 72189251　3700221140 72189251

发票联

机器编号：982888812388　　开票日期：2023年05月26日

购买方	名　　称：北京科迪商贸有限公司 纳税人识别号：91110101M768561287 地 址、电 话：北京市知春路474号010-51355618 开户行及账号：中国工商银行北京市纳文路支行4141075131327036651	密码区	81*7*%314-132115*202958604>% >%2-%24251>>15—#>*4026204*1 9793-5—3>84#04478108#7-8282 87%23#452#6221*93>32>9%*6038

货物或应税劳务、服务名称	规格型号	单位	数量	单价	金额	税率	税额
合　　计							
价税合计（大写）	⊗				（小写）		

销售方	名　　称：济南喜回头餐饮有限公司 纳税人识别号：987982348723 地 址、电 话：济南建设南路234号0531-23423454 开户行及账号：中国银行济南建设南路支行232827374923	备注	校验码 52118 02817

收款人：梁军　　复核：李慧　　开票人：依琳

税总函[202X]××号×××公司

第二联：发票联　购买方记账凭证

图 3-11　增值税普通发票

5. 2023 年 5 月 27 日，北京沃丰商贸有限公司收到银行退回的多余款 2 000 元收账通知，申请人为北京科迪商贸有限公司，出票金额为 30 000 元，行号为 234599。

请根据以上信息完成银行汇票多余款收回单据（见图 3-12）的填写。

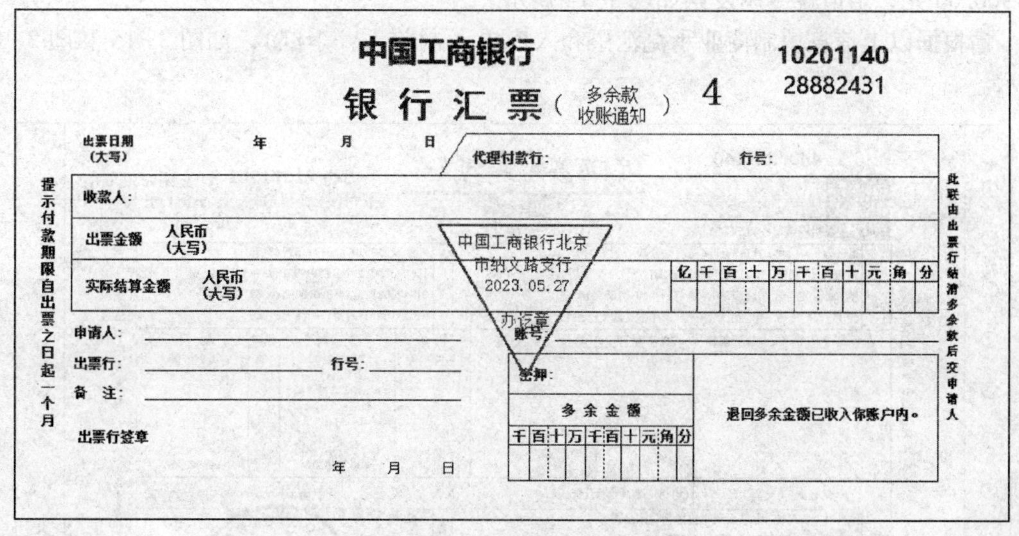

中国工商银行　　10201140 28882431

银 行 汇 票（多余款收账通知）4

出票日期（大写）　年　月　日　　代理付款行：　　行号：

收款人：

出票金额　人民币（大写）

实际结算金额　人民币（大写）　　亿 千 百 十 万 千 百 十 元 角 分

申请人：　　账号：

出票行：　　行号：　　密押：

备　注：　　多余金额　千 百 十 万 千 百 十 元 角 分　　退回多余金额已收入你账户内。

出票行签章　　年　月　日

中国工商银行北京市纳文路支行 2023.05.27 办讫章

提示付款期限自出票之日起一个月

此联由出票行结清多余款后交申请人

图 3-12　银行汇票（多余款收账通知）

6. 2023 年 5 月 28 日，深圳宏兴电器股份有限公司收到的北京科迪商贸有限公司的商业承兑汇票到期，开户银行划转票款 500 000 元。合同号码为 53938619，款项内容为购买空调。

请根据以上信息完成付款通知单据（见图 3-13）的填写。

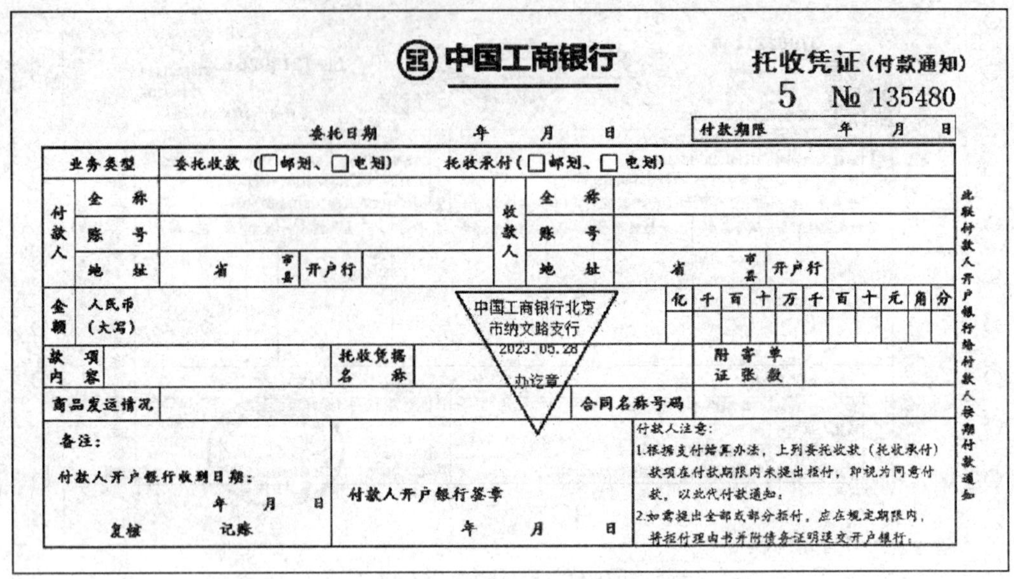

中国工商银行　　托收凭证（付款通知）

5　№ 135480

委托日期　年　月　日　　付款期限　年　月　日

业务类型	委托收款（□邮划、□电划）		托收承付（□邮划、□电划）		
付款人	全称		收款人	全称	
	账号			账号	
	地址	省　市县　开户行		地址	省　市县　开户行
金额	人民币（大写）		亿千百十万千百十元角分		
款项内容		托收凭据名称		附寄单证张数	
商品发运情况			合同名称号码		

中国工商银行北京市纳文路支行 2023.05.28 办讫章

备注：

付款人开户银行收到日期：　年　月　日

复核　记账

付款人开户银行签章　年　月　日

付款人注意：

1.根据支付结算办法，上列委托收款（托收承付）款项在付款期限内未提出拒付，即视为同意付款，以此代付款通知。

2.如需提出全部或部分拒付，应在规定期限内，将拒付理由书并附债务证明退交开户银行。

此联付款人开户银行给付款人按期付款通知

图 3-13　托收凭证（付款通知）

7. 2023 年 5 月 29 日，北京科迪商贸有限公司采购部从深圳宏兴电器股份有限公司采购一批空调，数量 15 台，单价 2 000 元，签发 3 个月到期的商业承兑汇票支付货款 33 900.00 元，增值税专用发票如图 3-14 所示。

请根据以上信息填制商业承兑汇票和入库单（制单人：李红），如图 3-15 和图 3-16 所示。

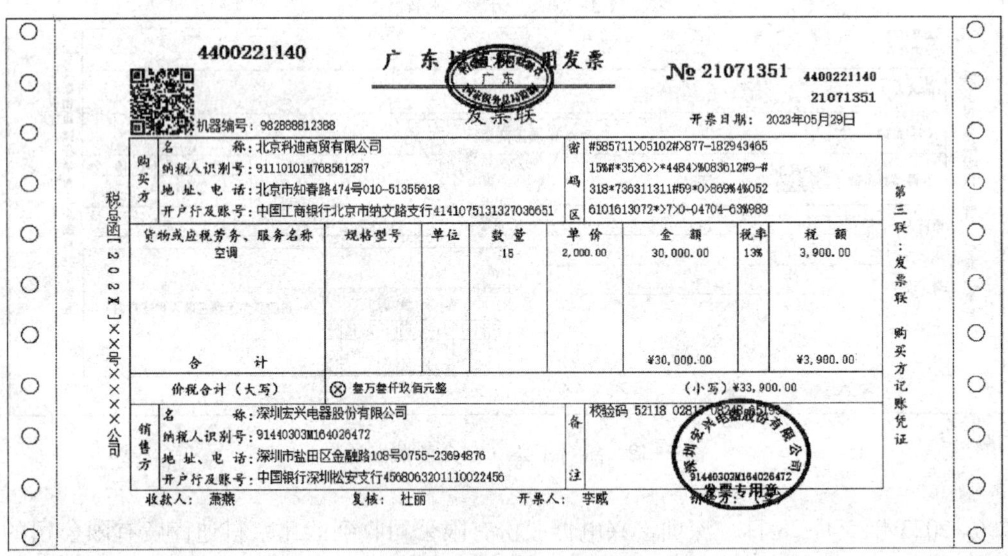

4400221140　　广东增值税专用发票　　№ 21071351　4400221140 21071351

发票联

机器编号：982888812388　　开票日期：2023年05月29日

购买方	名称：北京科迪商贸有限公司 纳税人识别号：91110101M768561287 地址、电话：北京市知春路474号010-51355618 开户行及账号：中国工商银行北京市纳文路支行4141075131327036651	密码区	#585711>05102#>877-182943465 15%#*35>6>>*4484>%083612#9-# 318*736311311#59*0>869%4%052 6101613072*>7>0-04704-63%989

货物或应税劳务、服务名称	规格型号	单位	数量	单价	金额	税率	税额
空调			15	2,000.00	30,000.00	13%	3,900.00
合计					¥30,000.00		¥3,900.00
价税合计（大写）	⊗叁万叁仟玖佰元整				（小写）¥33,900.00		

销售方	名称：深圳宏兴电器股份有限公司 纳税人识别号：91440303M164026472 地址、电话：深圳市盐田区金融路108号0755-23694876 开户行及账号：中国银行深圳松安支行4568063201110022456	备注	校验码 52118 02817 08248 65199 深圳宏兴电器股份有限公司 91440303M164026472 发票专用章

收款人：燕燕　　复核：杜丽　　开票人：李戚　　销售方：（章）

税总函[202X]××号×××公司

第三联：发票联　购买方记账凭证

图 3-14　增值税专用发票

中国工商银行　**商业承兑汇票**（存　根）　3　10201160 79570367

出票日期（大写）　年　月　日

付款人	全　称		收款人	全　称	
	账　号			账　号	
	开户银行			开户银行	
出票金额	人民币（大写）				亿 千 百 十 万 千 百 十 元 角 分
汇票到期日（大写）			付款人开户行	行号	
交易合同号码	74624483			地址	
备注			中国工商银行 北京市纳文路支行 2023.05.29 票据受理专用章		

此联出票人存查

图 3-15　商业承兑汇票

入　库　单　No. 25403344

供货单位：　年　月　日

编号	品名	规格	单位	数量	单价	金额	备注
合计							

仓库主管：马文　记账：孙媚　保管：　经手人：　制单：

图 3-16　入库单

项目四　建账与登账

一、填空题

1. 采用手工记账的单位，现金日记账必须采用____________式账簿。

2. 账页是记录经济业务具体事项的载体，其格式有__________和__________两种。

3. 各单位在启用现金日记账时，首先要按规定内容逐项填写__________________和__________________。

4. 现金日记账的日期栏应按照____________的日期登记。

5. 银行存款日记账账页的样式和现金日记账基本相同，不同之处是要增设________________栏，登记所采用的结算方式类型和凭证编号，以便与银行对账单核对。

6. 记账人员或者会计机构负责人、会计主管人员调动工作时，应当注明交接日期、接办人员或者监交人员姓名，并由________________签名或者盖章。

7. 支票领用登记簿是用以记录和反映______________情况的一种账簿。

8. 为详细反映现金收支及结存情况，企业应设置____________。

9. 现金日记账是用来核算和监督现金每天的__________________情况的账簿。

10. 银行存款日记账是用来反映银行存款的收入、支出及结余情况的特种日记账，企业应按在银行开立的____________和____________分别设置。

11. 登记银行存款日记账是出纳的日常工作之一，出纳需要根据____________的记账凭证逐笔登记银行存款日记账。

12. 银行存款日记账应定期与银行对账单核对，至少________核对一次。

二、单选题

1. 现金日记账不包括的要素是（　　）。

A. 封面　　B. 账表　　C. 扉页　　D. 账页

2. 登记现金日记账时，出纳不应该根据审核无误的（　　）逐项填写。

A. 现收凭证　　B. 现付凭证

C. 提取现金的银付凭证　　D. 资产负债表

3. 常见的银行存款日记账的账页格式不包括（　　）。

A. 活页式　　B. 三栏式　　C. 多栏式　　D. 收付分页式

4. 下列关于银行存款日记账登记要求的表述不正确的是（　　）。

A. 内容完整　　B. 书写工整　　C. 重记、漏记　　D. 摘要清楚明了

5. 签发支票时，出纳不需要在支票领用登记簿上填写（　　）。

A. 支票号码　　B. 签发日期　　C. 收款单位　　D. 货物名称

6. 单位应根据具体的内部管理需要决定是否设置必要的备查账簿，其格式可以由（　　）自行确定。

A. 各单位　　B. 总经理　　C. 董事长　　D. 单位职工

7. 出纳签发现金支票提取备用金时，应根据（　　）登记支票领用登记簿。

A. 付款凭证　　B. 记账凭证　　C. 现金支票存根　　D. 发票

8. 月度终了，企业账面余额与银行对账单余额之间如有差额，必须逐笔查明原因进行处理，并按月编制（　　）。

A. 银行存款日记账　　B. 资金日报表

C. 试算平衡表　　D. 银行存款余额调节表

三、多选题

1. 印花税的征税范围包括（　　）。

A. 经济合同　　B. 营业账簿

C. 产权转移书据　　D. 权利和许可证照

2. 现金日记账在每一账页登记完毕结转下页时，应结出当月发生额合计数及余额，写在本页最后一行和下页第一行的有关栏内，并在摘要栏注明（　　）字样。

A. 过次页　　B. 本年累计　　C. 承前页　　D. 本月合计

3. 为了提供在法律上有证明效力的核算资料，保证日记账的合法性，账簿记录不得随意涂改，严禁（　　）或使用化学药物清除字迹。

A. 刮　　B. 擦　　C. 挖　　D. 补

4. 出纳所涉及的备查账簿主要有（　　）。

A. 应收票据备查簿　　B. 委托收款登记簿

C. 应付票据备查簿　　D. 支票领用登记簿

5. 应收票据备查登记簿的（　　）栏根据收到的商业承兑汇票填列。

A. 合同号码　　B. 购货单位

C. 银行转来的收账通知　　D. 商业汇票记录

6. 登记银行存款日记账是出纳的日常工作之一，出纳需要根据审核无误的记账凭证逐笔登记银行存款日记账。具体来说，如果单位采用通用记账凭证，应根据涉及银行存款收付的（　　）登记银行存款日记账。

A. 现金日记账　　B. 记账凭证

C. 所附原始凭证　　D. 现金流量表

7. 登记银行存款日记账时，如果单位采用专用记账凭证，应根据（　　）登记银行存款日记账。

A. 所附原始凭证　　B. 银行存款收款凭证

C. 银行存款付款凭证　　D. 现金送存银行的现付凭证

四、判断题

1. 账页是记录经济业务具体事项的载体，包括账户的名称、日期栏、凭证种类和号数栏、对方科目栏、摘要栏、金额栏、总页次与分页次等。（　　）

2. 现金日记账的登记工作由会计负责。（　　）

3. 支票领用部门要填写支票领用登记簿，财务部门对使用的支票要按号登记、定期核对、及时注销，领用人领用支票时要在“收款单位”栏签名或盖章。（　　）

4. 现金日记账必须连续登记，不得跳行、隔页，不得随便更换账页和撕去账页。（　　）

5. 银行存款日记账是用来反映库存现金的收入、支出及结余情况的特种日记账，企业应按在银行开立的账户和币种分别设置。（　　）

6. 银行存款日记账多数采用三栏式账页格式，三栏式账页格式设有借方（或收入）、贷方（或支出）和余额（或结余）三个金额栏目，用于核算和监督银行存款每天的收入、支出和结存情况。（　　）

7. 备查账簿（也称辅助账簿）是对某些在日记账和分类账中不能登记或登记不全的会计事项进行补充登记的账簿。（　　）

五、实训题

企业基本情况

企业名称：北京科迪商贸有限公司

开户银行：中国工商银行北京市纳文路支行

账　　号：4141075131327036651

公司法人：赵一迪　　　　　　会计主管：杨　秀

会　　计：孙　媚　　　　　　出　　纳：钱小多

预留印鉴：

赵一迪印

1. 2023 年 6 月，北京科迪商贸有限公司现金日记账期初余额为 2 800 元，该公司发生如图 4-1 至图 4-4 所示几笔经济业务，请在图 4-5 中登记该公司 6 月份现金日记账。

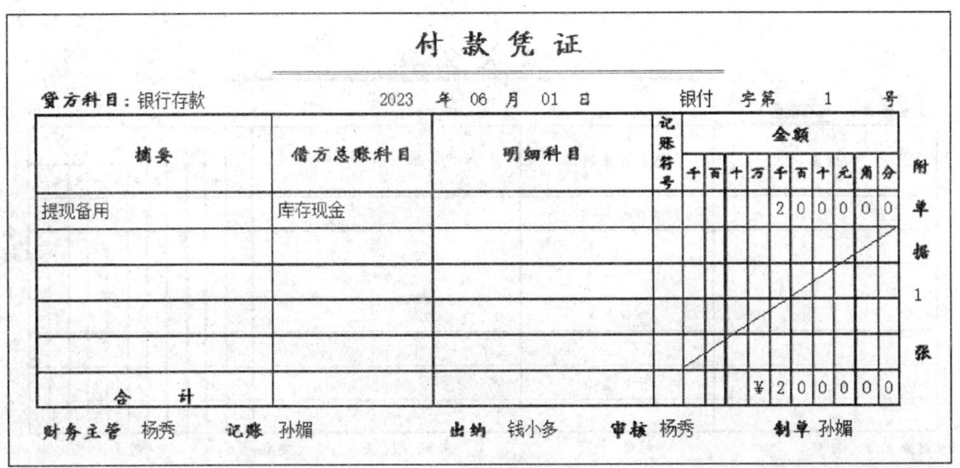

付 款 凭 证

贷方科目：银行存款　　2023 年 06 月 01 日　　银付 字第 1 号

摘要	借方总账科目	明细科目	记账符号	千	百	十	万	千	百	十	元	角	分
提现备用	库存现金							2	0	0	0	0	0
合　计							¥	2	0	0	0	0	0

附单据 1 张

财务主管 杨秀　记账 孙媚　出纳 钱小多　审核 杨秀　制单 孙媚

图 4-1　付款凭证 1

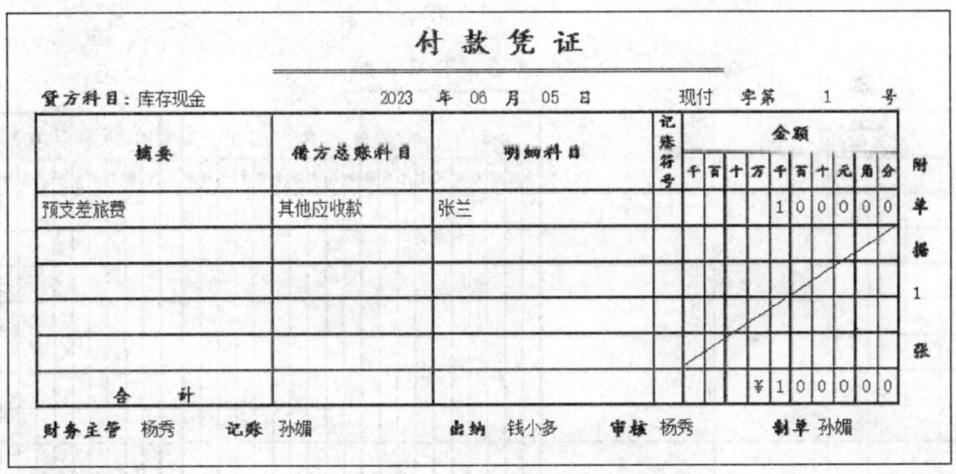

付 款 凭 证

贷方科目：库存现金　　2023 年 06 月 05 日　　现付 字第 1 号

摘要	借方总账科目	明细科目	记账符号	千	百	十	万	千	百	十	元	角	分
预支差旅费	其他应收款	张兰						1	0	0	0	0	0
合　计							¥	1	0	0	0	0	0

附单据 1 张

财务主管 杨秀　记账 孙媚　出纳 钱小多　审核 杨秀　制单 孙媚

图 4-2　付款凭证 2

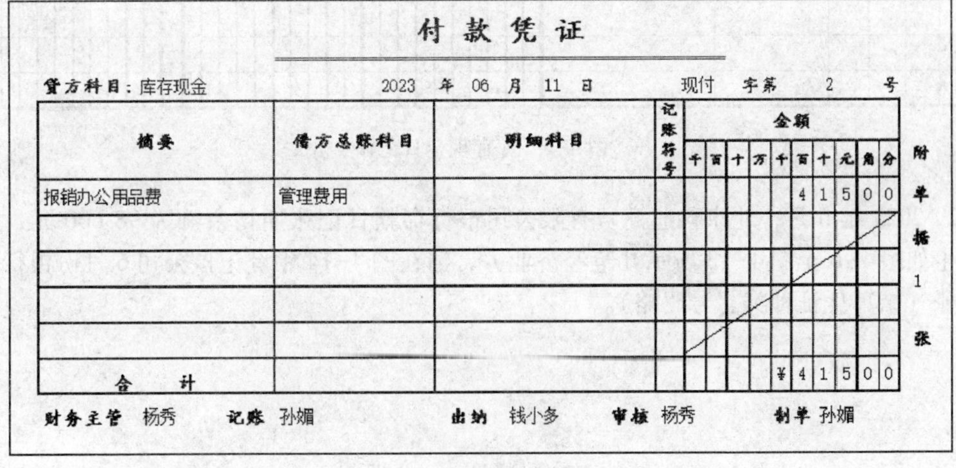

付 款 凭 证

贷方科目：库存现金　　2023 年 06 月 11 日　　现付 字第 2 号

摘要	借方总账科目	明细科目	记账符号	千	百	十	万	千	百	十	元	角	分
报销办公用品费	管理费用								4	1	5	0	0
合　计								¥	4	1	5	0	0

附单据 1 张

财务主管 杨秀　记账 孙媚　出纳 钱小多　审核 杨秀　制单 孙媚

图 4-3　付款凭证 3

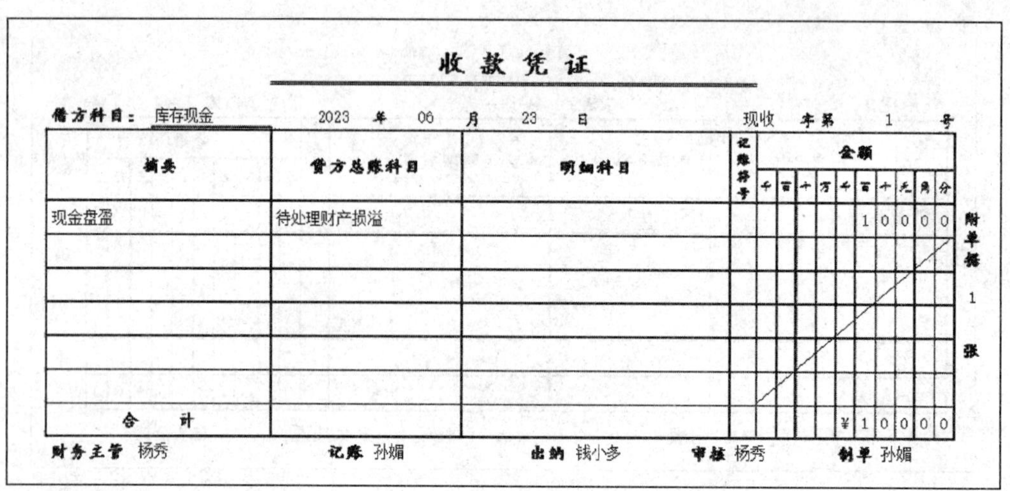

收款凭证

借方科目：库存现金　　2023 年 06 月 23 日　　现收 字第 1 号

摘要	贷方总账科目	明细科目	记账符号	千	百	十	万	千	百	十	元	角	分
现金盘盈	待处理财产损溢								1	0	0	0	0
合　计								¥	1	0	0	0	0

附单据 1 张

财务主管 杨秀　　记账 孙媚　　出纳 钱小多　　审核 杨秀　　制单 孙媚

图 4-4　收款凭证 1

库存现金日记账

年		记账凭证		对方科目	摘要	借方										贷方										√	余额									
月	日	字	号			千	百	十	万	千	百	十	元	角	分	千	百	十	万	千	百	十	元	角	分		千	百	十	万	千	百	十	元	角	分

图 4-5　库存现金日记账

2. 2023 年 6 月，北京科迪商贸有限公司银行存款日记账期初余额为 98 600 元，该公司发生如图 4-6 至图 4-13 所示几笔经济业务，请在图 4-14 中登记该公司 6 月份银行存款日记账（结算凭证种类、号码略）。

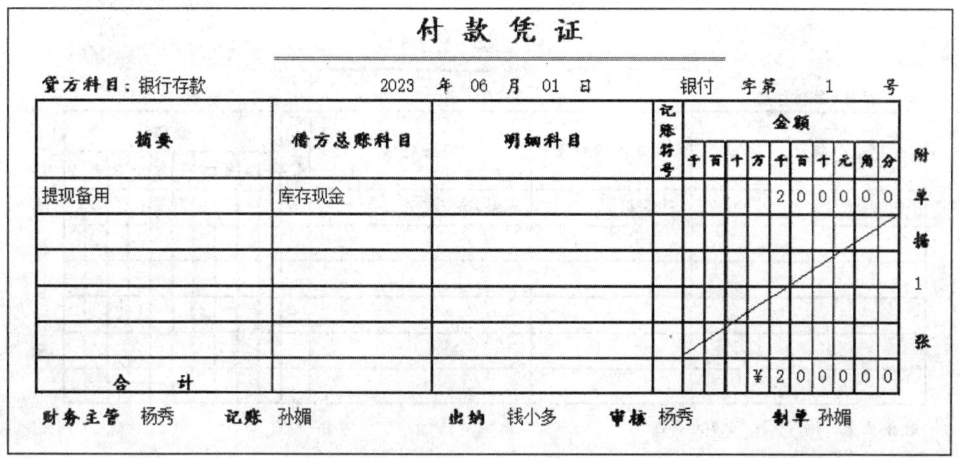

付 款 凭 证

贷方科目：银行存款　　2023 年 06 月 01 日　　银付 字第 1 号

摘要	借方总账科目	明细科目	记账符号	千	百	十	万	千	百	十	元	角	分
提现备用	库存现金							2	0	0	0	0	0
合 计							¥	2	0	0	0	0	0

附单据 1 张

财务主管 杨秀　记账 孙媚　出纳 钱小多　审核 杨秀　制单 孙媚

图 4-6　付款凭证 4

收 款 凭 证

借方科目：银行存款　　2023 年 06 月 02 日　　银收 字第 1 号

摘要	贷方总账科目	明细科目	记账符号	千	百	十	万	千	百	十	元	角	分
销售货物	主营业务收入						2	0	0	0	0	0	0
	应交税费	应交增值税-销项税额						2	6	0	0	0	0
合 计						¥	2	2	6	0	0	0	0

附单据 2 张

财务主管 杨秀　记账 孙媚　出纳 钱小多　审核 杨秀　制单 孙媚

图 4-7　收款凭证 2

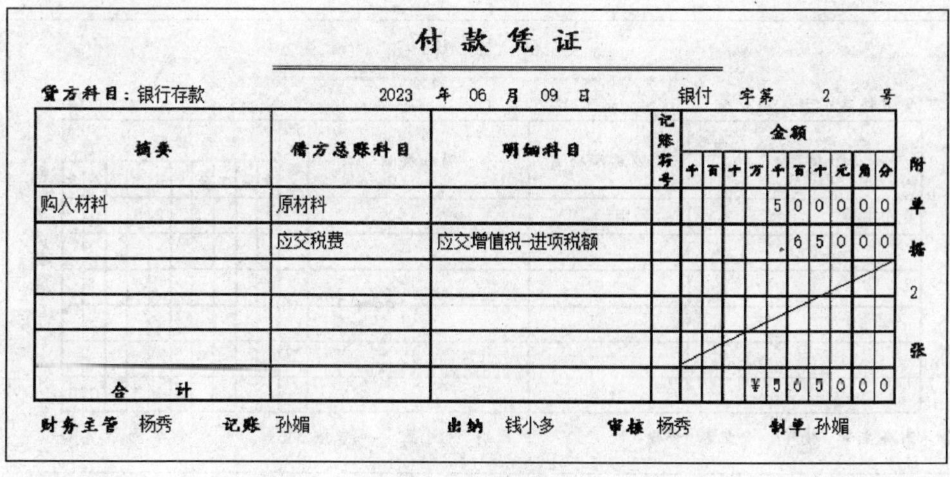

付 款 凭 证

贷方科目：银行存款　　2023 年 06 月 09 日　　银付 字第 2 号

摘要	借方总账科目	明细科目	记账符号	千	百	十	万	千	百	十	元	角	分
购入材料	原材料							5	0	0	0	0	0
	应交税费	应交增值税-进项税额							6	5	0	0	0
合 计							¥	5	6	5	0	0	0

附单据 2 张

财务主管 杨秀　记账 孙媚　出纳 钱小多　审核 杨秀　制单 孙媚

图 4-8　付款凭证 5

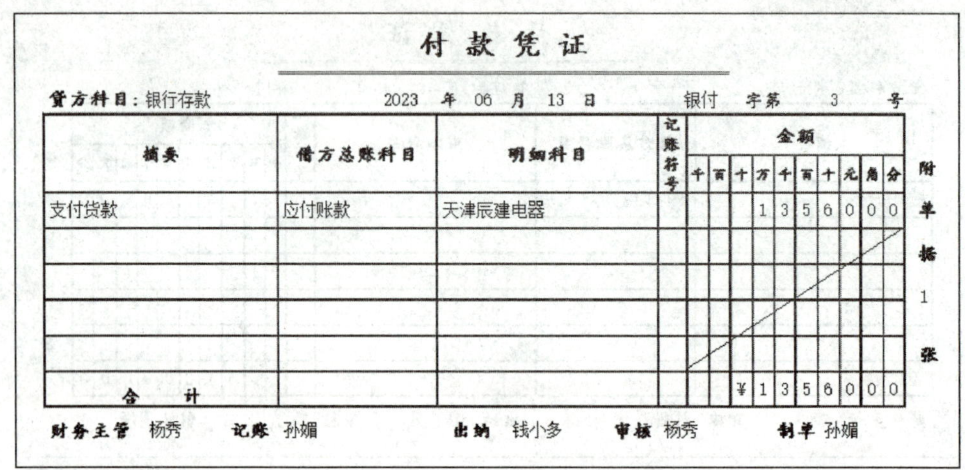

付款凭证

贷方科目：银行存款　　2023 年 06 月 13 日　　银付 字第 3 号

摘要	借方总账科目	明细科目	记账符号	千	百	十	万	千	百	十	元	角	分
支付货款	应付账款	天津辰建电器					1	3	5	6	0	0	0
合　计						¥	1	3	5	6	0	0	0

附单据 1 张

财务主管 杨秀　记账 孙媚　出纳 钱小多　审核 杨秀　制单 孙媚

图 4-9　付款凭证 6

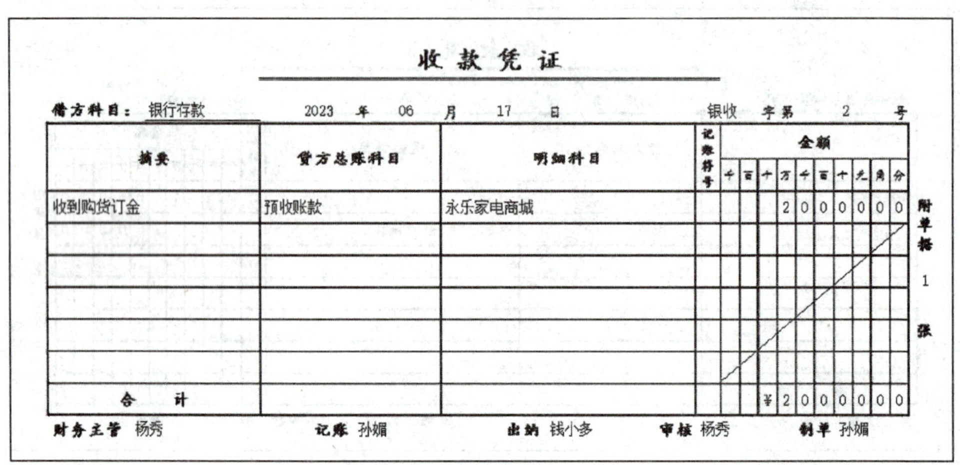

收款凭证

借方科目：银行存款　　2023 年 06 月 17 日　　银收 字第 2 号

摘要	贷方总账科目	明细科目	记账符号	千	百	十	万	千	百	十	元	角	分
收到购货订金	预收账款	永乐家电商城					2	0	0	0	0	0	0
合　计						¥	2	0	0	0	0	0	0

附单据 1 张

财务主管 杨秀　记账 孙媚　出纳 钱小多　审核 杨秀　制单 孙媚

图 4-10　收款凭证 3

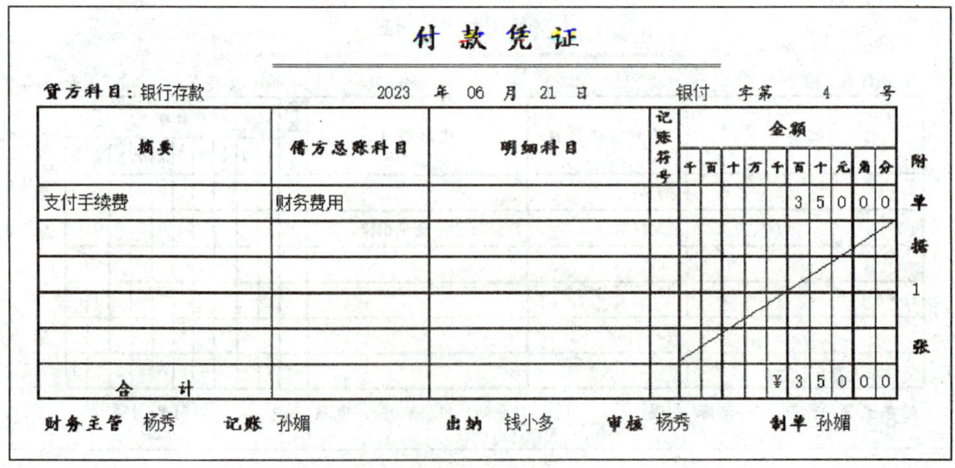

付款凭证

贷方科目：银行存款　　2023 年 06 月 21 日　　银付 字第 4 号

摘要	借方总账科目	明细科目	记账符号	千	百	十	万	千	百	十	元	角	分
支付手续费	财务费用								3	5	0	0	0
合　计								¥	3	5	0	0	0

附单据 1 张

财务主管 杨秀　记账 孙媚　出纳 钱小多　审核 杨秀　制单 孙媚

图 4-11　付款凭证 7

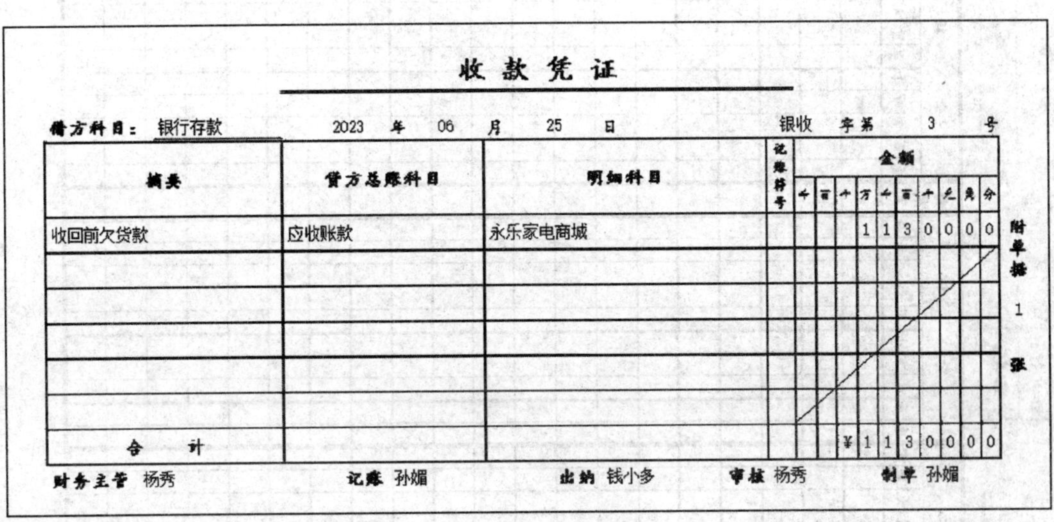

收款凭证

借方科目：银行存款　　2023 年 06 月 25 日　　银收 字第 3 号

摘要	贷方总账科目	明细科目	记账符号	千	百	十	万	千	百	十	元	角	分
收回前欠货款	应收账款	永乐家电商城					1	1	3	0	0	0	0
合　计						¥	1	1	3	0	0	0	0

附单据 1 张

财务主管 杨秀　记账 孙媚　出纳 钱小多　审核 杨秀　制单 孙媚

图 4-12　收款凭证 4

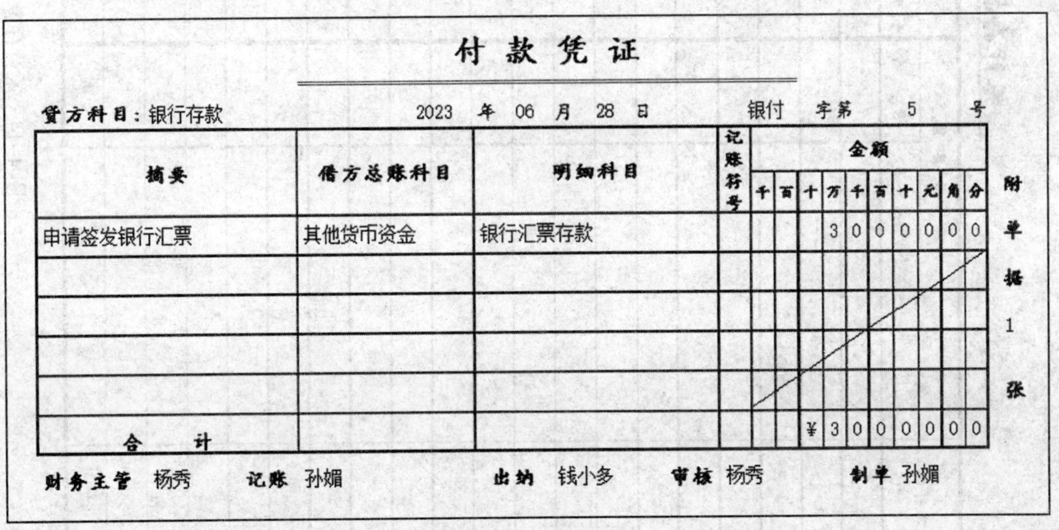

付款凭证

贷方科目：银行存款　　2023 年 06 月 28 日　　银付 字第 5 号

摘要	借方总账科目	明细科目	记账符号	千	百	十	万	千	百	十	元	角	分
申请签发银行汇票	其他货币资金	银行汇票存款					3	0	0	0	0	0	0
合　计						¥	3	0	0	0	0	0	0

附单据 1 张

财务主管 杨秀　记账 孙媚　出纳 钱小多　审核 杨秀　制单 孙媚

图 4-13　付款凭证 8

开户行：

账号：

银行存款日记账

年		记账凭证		对方科目	摘要	结算凭证		借方										贷方										借或贷	余额									
月	日	字	号			种类	号码	千	百	十	万	千	百	十	元	角	分	千	百	十	万	千	百	十	元	角	分		千	百	十	万	千	百	十	元	角	分

图 4-14 银行存款日记账

项目五　月末业务处理

一、填空题

1. 库存现金的清查一般采用____________，即通过盘点确定现金的实存数，然后将实存数与现金日记账的账面余额进行核对，以查明账实是否相符。

2. 经常性清查是指出纳每日清点库存现金实有数，并与__________________进行核对，这是出纳每天进行的工作。

3. 未达账项是指对同一项经济业务，企业和银行之间由于____________，造成一方已登记入账，另一方因_________而尚未入账的款项。

4. 现金日记账的结账指的是在本期现金收、付款业务已全部登记入账并已对账的基础上，结出_________合计和_________的计算总结，是进行会计核算的一个重要环节。

5. 资金报表可以反映本单位在一段时期内____________的整体收付及余额情况，并以此向本单位的管理层提供整体的资金信息，在本单位的管理活动中必不可少。

6. 资金报表的结构包含_________、_________、_________等要素。

二、单选题

1. 银行存款余额调节表一般应由（　　）编制。

   A. 出纳　　　　B. 会计主管

   C. 会计　　　　D. 银行人员

2. 下列关于现金清查的说法正确的是（　　）。

   A. 现金清查一般采用实地盘点法

   B. 在现金长、短款未查明原因前，会计人员不作任何会计处理

   C. 现金清查后，出纳根据库存现金盘点表编制记账凭证，并据以调整库存现金日记账

   D. 在现金清查前，出纳只汇总所有现金收款凭证和现金付款凭证，将未入账的凭证全部登账

3. 现金短款在查明原因后，属于由责任人或保险公司赔偿的部分，应记入（　　）。

   A. 其他应付款　　　　B. 其他应收款

   C. 应收账款　　　　D. 应付账款

4. 结账时需要在下面画双红线的是（　　）。

A. 本日合计　　B. 本月合计

C. 本年累计　　D. 年末结账

三、多选题

1. 下列交易或事项中，可能导致企业银行存款日记账账面余额与银行记录的企业存款余额在同一日期不一致的有（　　）。

A. 银行收到企业托收的款项

B. 企业收到其他单位开出的支票，存入银行

C. 银行代企业支付水电费

D. 企业开出转账支票，持票人尚未到银行办理转账手续

2. 资金报表包含（　　）。

A. 日报表　　B. 周报表

C. 月报表　　D. 季报表

3. 资金报表结构没有标准的模板，各单位可根据情况自行设定，一般包括（　　）等要素。

A. 表头　　B. 正表

C. 表尾　　D. 附表

4. 需要在资金报表中记录的业务数据有（　　）。

A. 从银行提取现金备用

B. 用现金购买办公用品

C. 单位购买原材料，签发一张三个月到期的商业汇票

D. 用转账支票偿还前欠货款

四、判断题

1. 库存现金每次清查都要求会计主管和会计都在现场。（　　）

2. 出纳要在现金清查前汇总所有关于现金的收、付款凭证，并将未入账的凭证全部登账。（　　）

3. 会计可根据银行存款余额调节表调整银行存款账面余额。（　　）

4. 银行存款清查若发现银行存款日记账与银行对账单账目出现不一致的情况，肯定是未达账项原因造成的。（　　）

5. 结账是指会计期末将各账户余额结清或结转下期，使各账户记录暂告一个段落的会计工作。（　　）

五、实训题

1. 北京科迪商贸有限公司 2023 年 6 月末进行银行存款的清查，银行存款日记账和银行对账单如图 5-1、图 5-2 所示。

开户行：	中国工商银行北京市纳文路支行
账号：	4141075131327030651

银行存款日记账

2023年 月	日	记账凭证 字	号	对方科目	摘要	结算凭证 种类	号码	借方（千百十万千百十元角分）	贷方（千百十万千百十元角分）	借或贷	余额（千百十万千百十元角分）
06	01				期初余额					借	18500000
06	03				购买材料				2260000	借	16240000
06	04				签发银行本票				300000	借	15940000
06	08				运费				34000	借	15906000
06	12				支付维修费				80000	借	15826000
06	15				收到合同定金			1000000		借	16826000
06	19				购买原材料				1300000	借	15526000
06	22				支付电费				265000	借	15261000
06	26				汇款				560000	借	14701000
06	29				收到前欠货款			2860000		借	17561000
06	30				支付前欠材料款				500000	借	17061000

图 5-1 银行存款日记账

对账单

户名：北京科迪商贸有限公司

账号：4141075131327036651　　2023 年　06 月　30 日止　　页

利率：　%

日期	摘要	结算凭证 种类	号数	借方	贷方	余额
2023年06月02日	签发银行本票			3,000.00		182,000.00
2023年06月05日	货款			22,600.00		159,400.00
2023年06月08日	运费			340.00		159,060.00
2023年06月11日	收到支票				10,000.00	169,060.00
2023年06月15日	支付货款			13,000.00		156,060.00
2023年06月18日	支付维修费			800.00		155,260.00
2023年06月20日	支付电费			2,650.00		152,610.00
2023年06月25日	汇款			5,600.00		147,010.00
2023年06月30日	利息				2,569.50	149,579.50
2023年06月30日	电话费			1,800.00		147,779.50

中国工商银行 北京市纳文路支行 业务专用章 123456789012

图 5-2 银行对账单

要求：

（1）根据以上资料找到未达账项。

（2）编制银行存款余额调节表（见图 5-3）。

银行存款余额调节表

编制单位：北京科迪商贸有限公司　　2023 年 06 月 30 日止　　单位：元

项目	金额	项目	金额
企业银行存款日记账余额		银行对账单余额	
加：银行已收、企业未收的款项合计		加：企业已收、银行未收的款项合计	
减：银行已付、企业未付的款项合计		减：企业已付、银行未付的款项合计	
调节后余额		调节后余额	

图 5-3　银行存款余额调节表

2. 图 5-4 和图 5-5 是北京科迪商贸有限公司 2023 年 5 月库存现金日记账和银行存款日记账，库存现金期初余额为 3 240. 00 元，银行存款期初余额为 180 000. 00 元。

要求：请根据北京科迪商贸有限公司的银行存款日记账和现金日记账，编制 5 月 1 日至 5 月 31 日的资金月报表（见图 5-6）。

库存现金日记账

2023年 月	日	记账凭证 字	号	对方科目	摘要	借方（千百十万千百十元角分）	贷方（千百十万千百十元角分）	√	余额（千百十万千百十元角分）
05	01				承前页	56000	80000		300000
05	02	现付	02	其他应收款	张兰预借差旅费		150000		150000
05	07	现付	03	管理费用	支付办公用品费		50000		100000
05	08	银付	01	银行存款	提取备用金	500000			600000
05	10	现付	04	银行存款	款存银行		180000		420000
05	11	现收	02	其他应收款	收取王飞水电费	11680			431680
05	11	现付	05	其他应收款	赵刚借款		50000		381680
05	11	现付	06	其他应收款	张强预借差旅费		100000		281680
05	13	现付	07	管理费用	报销会议费		153000		128680
05	20	现收	03	待处理财产损溢	现金清查长款	15000			143680
05	31				本月合计	582680	763000		143680
05	31				本年累计	2351600	2540000		143680

图 5-4　库存现金日记账

银行存款日记账

开户行：中国工商银行北京市纳文路支行

账号：41410751313270366551

2023年 月	日	记账凭证 字	号	对方科目	摘要	结算凭证 种类	号码	借方（千百十万千百十元角分）	贷方（千百十万千百十元角分）	借或贷	余额（千百十万千百十元角分）
05	01				承前页					借	18000000
05	03	银收	01	应收账款	收回欠款	汇兑	12670269	1500000		借	19500000
05	05	银收	02	主营业务收入	销售货物	委托收款	357803	2034000		借	21534000
05	08	银付	01	库存现金	提取备用金	现金支票	94698377		500000	借	21034000
05	10	现付	04	库存现金	款存银行	现金缴款单		180000		借	21214000
05	12	银付	02	应付职工薪酬	支付工资	转账			6981480	借	14232520
05	13	银付	03	应缴税费	缴纳税费	转账			2458520	借	11774000
05	17	银付	04	财务费用	支付手续费	转账			3500	借	11770500
05	17	银付	05	应付账款	支付货款	转账支票	6405115		5000000	借	6770500
05	17	银收	03	应收账款	收到货款	转账支票	65969539	3500000		借	10270500
05	18	银付	06	其他货币资金	签发银行本票	银行本票	16386724		5000000	借	5270500
05	29	银收	04	主营业务收入	销售货物	转账支票	53616870	31640000		借	36910500
05	30	银付	07	库存商品	购买货物	转账支票	6405116		1243000	借	35667500
05	31				本月合计			38854000	21186500	借	35667500
05	31				本年累计			135673000	103850000	借	35667500

图 5-5　银行存款日记账

资 金 月 报 表

编制单位:　　　　　　　　　　期间:　　　　　　　　日期:

收支项目/资金来源	资金使用合计	银行存款	库存现金	备注

复核人:　　　　　　　　　　　　　　制表人:

图 5-6　资金月报表

项目六　其他业务处理

一、填空题

1. 用人单位可使用________发放工资，也可以____________代发工资。

2. 因劳动者本人原因给用人单位造成经济损失的，用人单位可按照劳动合同的约定要求其赔偿经济损失。经济损失的赔偿可从劳动者本人的____________中扣除，但每月扣除的部分不得超过劳动者当月工资的__________。若扣除后的剩余工资部分低于当地月最低工资标准，则按_____________支付。

3. 出纳工作交接要按照会计人员交接的要求进行，涉及__________、__________、__________三方当事人。

二、单选题

1. 单位每月工资奖金表编制一般由（　　）负责。

A. 财务部门　　B. 人事部门　　C. 办公室　　D. 行政部门

2. （　　）不属于出纳交接工作时需要移交的资料。

A. 账票、印章　　B. 保险柜钥匙和密码

C. 银行开户许可证　　D. 往来账簿

3. 出纳办理移交手续时，（　　）可以不用在现场。

A. 移交人员　　B. 单位主管领导　　C. 交接人员　　D. 委派监交人员

4. 单位采用银行代发工资的，需要首先（　　）。

A. 与银行签订代发工资协议　　B. 与银行签订承诺书

C. 向银行提供足额资金　　D. 向银行提供相关证件

三、多选题

1. 需要由出纳登记的账簿有（　　）。

A. 现金日记账　　B. 往来账簿

C. 银行日记账　　D. 存货类账簿

2. 出纳岗位交接时，移交人的责任有（　　）。

A. 确保移交的内容完整、完好、准确

B. 出纳交接完离岗后，对原单位所有业务不再负有任何责任

C. 确保设备、用具等的密码准确交接

D. 在出纳工作交接书及其附件上签名

3. 银行代发工资的程序包括（　　）。

A. 签订协议　　B. 资金划拨　　C. 履约入账　　D. 取回单、登账

4. 下列情况下，出纳需要进行工作交接的有（　　）。

A. 辞职或离开单位

B. 单位内部工作变动，不再担任出纳职务

C. 岗位内部重新分工

D. 因特殊情况停职审查，不宜继续从事出纳工作

四、判断题

1. 单位职工工资的编制、审核、发放由财务部门负责。（　　）

2. 现金发放工资时，必须由职工本人领取并现场签字。（　　）

3. 发放工资采用银行代发的，单位只需在开始时与开户银行签订好代发协议，以后每月发放工资的工作均可以由银行独立完成。（　　）

4. 出纳在做完工作移交后，将不再承担此岗位相关责任。（　　）

5. 出纳岗位交接时，要由单位委派的监交人在场，监交人在交接过程中对所交接的内容、事项是否真实、完整起到核验的作用。（　　）

五、实训题

1. 北京盛达商贸有限公司采用委托代发的形式发放工资，新上岗的出纳杨军应在每月发工资时做哪些工作？

2. 北京科迪商贸有限公司原出纳王芳因工作调动离职，将出纳工作移交钱小多，并办理交接手续。请根据所学知识简述如何办理交接手续。